This Journal Belongs To:

_____

Published by
Wild Sri Books

Mrs. Spencer Reid

Mrs. Spencer Reid

Mrs. Spencer Reid

Mrs. Spencer Reid

Mrs. Spencer Reid

Mrs. Spencer Reid

Mrs. Spencer Reid

Mrs. Spencer Reid

Mrs. Spencer Reid

Mrs. Spencer Reid

Mrs. Spencer Reid

Mrs. Spencer Reid

Mrs. Spencer Reid

Mrs. Spencer Reid

Mrs. Spencer Reid

Mrs. Spencer Reid

Mrs. Spencer Reid

Mrs. Spencer Reid

Mrs. Spencer Reid

Mrs. Spencer Reid

Mrs. Spencer Reid

Mrs. Spencer Reid

Mrs. Spencer Reid

Mrs. Spencer Reid

Mrs. Spencer Reid

Mrs. Spencer Reid

Mrs. Spencer Reid

Mrs. Spencer Reid

Mrs. Spencer Reid

Mrs. Spencer Reid

Mrs. Spencer Reid

Mrs. Spencer Reid

Mrs. Spencer Reid

Mrs. Spencer Reid

Mrs. Spencer Reid

Mrs. Spencer Reid

Mrs. Spencer Reid

Mrs. Spencer Reid

Mrs. Spencer Reid

Mrs. Spencer Reid

Mrs. Spencer Reid

Mrs. Spencer Reid

Mrs. Spencer Reid

Mrs. Spencer Reid

Mrs. Spencer Reid

Mrs. Spencer Reid

Mrs. Spencer Reid

Mrs. Spencer Reid

Mrs. Spencer Reid

Mrs. Spencer Reid

Mrs. Spencer Reid

Mrs. Spencer Reid

Mrs. Spencer Reid

Mrs. Spencer Reid

Mrs. Spencer Reid

Mrs. Spencer Reid

Mrs. Spencer Reid

Mrs. Spencer Reid

Mrs. Spencer Reid

Mrs. Spencer Reid

Made in the USA
Columbia, SC
23 October 2020